Poemas de TransfigurAção

Editora Appris Ltda.
1.ª Edição - Copyright© 2024 da autora
Direitos de Edição Reservados à Editora Appris Ltda.

Nenhuma parte desta obra poderá ser utilizada indevidamente, sem estar de acordo com a Lei nº 9.610/98. Se incorreções forem encontradas, serão de exclusiva responsabilidade de seus organizadores. Foi realizado o Depósito Legal na Fundação Biblioteca Nacional, de acordo com as Leis nos 10.994, de 14/12/2004, e 12.192, de 14/01/2010.

Catalogação na Fonte
Elaborado por: Dayanne Leal Souza
Bibliotecária CRB 9/2162

F383p
2024
	Ferreira, Raquel
	    Poemas de transfiguração / Raquel Ferreira. – 1. ed. – Curitiba: Appris, 2024.
	    51 p. : il. ; 21 cm.
	
	    ISBN 978-65-250-6351-5
	
	    1. Feminismo. 2. Mulheres. 3. Mães. 4. Poesia. I. Ferreira, Raquel. II. Título.
	
	                                                    CDD – B869.91

Editora e Livraria Appris Ltda.
Av. Manoel Ribas, 2265 – Mercês
Curitiba/PR – CEP: 80810-002
Tel. (41) 3156 - 4731
www.editoraappris.com.br

Printed in Brazil
Impresso no Brasil

Raquel Ferreira

Poemas de TransfigurAção

Appris editora

Curitiba, PR
2024

FICHA TÉCNICA

EDITORIAL	Augusto Coelho
	Sara C. de Andrade Coelho
COMITÊ EDITORIAL	Ana El Achkar (UNIVERSO/RJ)
	Andréa Barbosa Gouveia (UFPR)
	Conrado Moreira Mendes (PUC-MG)
	Eliete Correia dos Santos (UEPB)
	Fabiano Santos (UERJ/IESP)
	Francinete Fernandes de Sousa (UEPB)
	Francisco Carlos Duarte (PUCPR)
	Francisco de Assis (Fiam-Faam, SP, Brasil)
	Jacques de Lima Ferreira (UP)
	Juliana Reichert Assunção Tonelli (UEL)
	Maria Aparecida Barbosa (USP)
	Maria Helena Zamora (PUC-Rio)
	Maria Margarida de Andrade (Umack)
	Marilda Aparecida Behrens (PUCPR)
	Marli Caetano
	Roque Ismael da Costa Güllich (UFFS)
	Toni Reis (UFPR)
	Valdomiro de Oliveira (UFPR)
	Valério Brusamolin (IFPR)
SUPERVISOR DA PRODUÇÃO	Renata Cristina Lopes Miccelli
PRODUÇÃO EDITORIAL	Adrielli de Almeida
REVISÃO	Marcela Vidal Machado
DIAGRAMAÇÃO	Amélia Lopes
CAPA	Lívia Costa
REVISÃO DE PROVA	Bruna Santos

Ouça a playlist do livro

À Eleanor e ao Emílio, que a cada dia me tornam uma pessoa melhor.

AGRADECIMENTOS

Agradeço a minha vinda a este mundo para vivenciar o aprendizado do amor ao próximo, da resiliência e da cura por meio das conexões de vida.

À minha mãe, Maria de Fátima Ferreira, que tanto me ensinou com palavras e ações, sobre a força e a capacidade da mulher em ultrapassar obstáculos, que mesmo por muitas vezes sozinha, conseguiu criar seus filhos com dedicação, alegria e inspiração, transmitindo valores importantes à existência humana. Mãe, a senhora é minha maior guia.

A meu pai, Ranulfo Ferreira Filho, que me inspira a questionar a realidade do mundo estratificado por classes sociais, a não aceitar a exploração do capital e a trazer também conceitos e valores humanos às relações pessoais, muito acima de interesses.

A Roberto, meu companheiro de vida, que junto a mim e nossos filhos, forma a base para nosso desenvolvimento como família e pessoas melhores para o mundo.

Finalmente, sem citar nomes para não ser injusta, às pessoas amigas. Cada uma sabe de quem estou falando. Mesmo perto, mesmo longe, cada pessoa aqui em meu pensamento tem sua participação na construção da minha história e deste livro. Graças a vocês minha saúde mental é mantida.

A todas essas pessoas, certamente, sou mais forte com vocês!

SUMÁRIO

Possibilidades 11

Por amor, para o amor (Canção do Exílio) 15

Primavera de amores 17

Que direito é este? 18

Um dia de Sol 22

À espera 25

Vivo sobriedade 26

As dádivas do ócio, de fato e de direito! 29

O vício, a tecnologia 31

À luz de velas 37

Pernas inquietas 40

Engano 43

Pragas 44

Grito por liberdade 47

Olho para a terra, encontro a mim (cordel antroposófico) 49

Primaveril da resistência 51

Possibilidades

No mundo das possibilidades nada é certo
A relatividade imprime constante influência
Há de se querer amar e ser amado sempre
Há de se querer paz, carinho, proteção, paixão
Mas há o há de se querer aproveitar sem distinção

A liberdade existe sempre e em todo momento
Não há como obrigar
Não há como o outro escolher por você

No mundo das possibilidades
É possível que, acompanhada, o tempo voe
E 15 segundos se transformem em horas, ecoe

No mundo das possibilidades
É possível um querer bem mais que bem-querer
E o "não" não é aceito como impossibilidade
"Real como as miragens da paixão"

Ah... Como é simples e difícil viver as possibilidades
A palavra que sai dos olhos
O sentimento que é expresso num suspiro
O nervosismo que é exposto num meio sorriso

E fazendo o exercício do siso:
O quão seria mais fácil se ainda fosse criança

Se minha mãe ainda me colocasse no colo
E ordenasse que eu fizesse a minha cama

Ah... quero proteção!
Livrar-me do pesar da decisão
Livrar-me da possibilidade de errar
De não entender a escolha do não

E no mundo das possibilidades
Em que a idade bate
Também não há como escapar

No mundo, neste mundo das possibilidades,
Não há como se esconder mesmo se quiser
Os olhos de quem vê
Conseguem ler tudo o que acontece

Lê-se sentimentos, lê-se situações
E para a personagem do exercício de leitura
É tão simples como o músico e a partitura
E o coração às vezes ri
Mas o coração pode chorar

E no mundo, no doce, doce mundo das possibilidades,
Há um olhar que expressa um carinho
Há um toque suave que disfarça o desejo de um caminho
Há atos falhos entre frases
Íntimos anseios liberados em sinapses

Ah... E o que se pensar no mundo das possibilidades
Quando palavras liberam, mas seguram

Olhares acariciam, ou beijam, ou negam, ou machucam
Ou mesmo os atos falhos mostram amores que curam

O pensamento segue o caminho firme
As atitudes às escondidas para não machucar
E o sentimento nem tão puro do amor
Só amo o amar

E, finalmente, no mundo das infinitas possibilidades

Só não tema o que não é certo
Coerência é a palavra
Não vague tanto e
Pense, jovem, pense...

Seus pensamentos são meus
Meus pensamentos são teus
E serão?
Interessante como a roda gira
Quando não se quer apressar

Infinita a força. Segurança e paciência.
Sou gentil. Sou sensível. Sou mudança e convincente.
Pé no chão e salto alto.
Mulher e menina, que sente e que sente.

Cabeça centrada, o siso tramado
Não tema a postura que assume
Não admire demais. Permita-se sentir.
E se, ao final, o mundo das possibilidades lhe quiser convencer do não
Não se esqueça de que o sim está mais próximo do que o fim.

Por amor, para o amor
(Canção do Exílio)

Sente-se preso, meu amor?
Não quero lhe causar tamanha dor.

Os dias amanhecem, é duro se levantar
Os passarinhos cantando aqui não lhe motivam como em lá
Obrigação nos faz cansados
O não querer nos percebe obrigados

E então tudo é ruim
O dia, a tarde, a noite, o vento, a chuva e o afim
Não querer estar junto parece a pintura feliz
E nessa pintura, muita emoção
Doce, doce ilusão

A grama que sempre parece mais verde no lado do vizinho
Faz questionar se a opção aqui é o limite
Ou se o limite é o fim em um prisioneiro
Que não sabe mais se encantar ou ser feliz

O amor não o diverte
O amor não o excita
O amor não o consola
O amor o angustia
O amor não o namora

Mas e com este limite, como lidar?
Não quero, meu bem, nem por um milhão lhe amargurar
E se lhe parece tão doce o lado de lá
Que vá. Que vá...

Vá e não se preocupe em voltar
Mas a mim não cabe mais esperar
O tempo urge
Uiva forte entre as paredes
Quer segurança, quer paz, almeja a alegria do ficar

O ficar que me veja bela
O ficar que me faça bela
Que me faça a mais bela
Iluminado o riso, meu olhar
O coração do confiar

O pulo da alegria que não se entedia
Aquela que alimenta e não angustia
Que quer continuar
E continua sem por demais sisar
Ajuda, incentiva... lá vai empurrar sem brigar
O cansaço que renova
A resiliência que encontra
E se fixa sem pesar.

Primavera de amores

Um pequeno soneto recitei
Brilho nos olhares motivei
Canto dos pássaros a voar
Alegria aqui é mato, eu quero ficar!

É domingo de manhã
Se tem Sol é lá de fora
A brincadeira e a bola rolam
Pula corda até anciã

A primavera chama e brilha
Flores explodem de beleza
Cheiros de rosa, café e baunilha

Felicidade não tem problema de escasseza
Pulando, catando bola em matilha
Como é leve a mãe natureza!

Que direito é este?

Qual o direito você imagina ter,
que te permite me abater?

Qual razão você está certo em ter,
que te tranquiliza para me bater?

Quão grande é o ego que te engrandece,
que acredita que qualquer um se compadece
com a injustiça que você passa
de não poder me calar com a mordaça?

Acontece que você não acha,
você tem certeza,
poder subjugar a mulher,
a qual jurou ser sua princesa.

Você chora, pede perdão
Mas não pensou duas vezes
antes de levantar a mão.

Me bateu, me arrebentou,
me humilhou
Foi rir na roda de amigos,
sem nenhum pudor

Gritou comigo, me chamou de puta
Disse que a culpa era minha
de você viver na sua labuta.

Quanta vergonha, estremeci
Acreditei estar errada
me convenci

Você não é ruim, é homem bom
Tem amigos, amigos nossos
dizem que mudou
só não estava são.

Foi difícil, desesperador
Correr com as crianças de casa,
um horror.

Insegurança alimentar,
sem casa, sem lugar
Ninguém mais me amparou.

O que fazer para eu poder voltar a viver?

As crianças choram à noite com pesadelos
É frio, é impessoal este abrigo
Quanto desespero!

E você voltou, se arrependeu
Me pediu perdão
Foi um erro imperdoável que cometeu

Estou cansada, tremendo ao ouvir gritos,
Crianças com sono, querem voltar para casa
Meu coração me aperta, me consome,
não é de graça.

Mas quem você pensa que é
para ter a certeza de que pode fazer o que quer?

Sou homem (preto ou branco), privilegiado,
que conta com a *brotheragem* que apoia
Quando digo que está louca, que está surtada

A culpa foi sua mulher, que gritou comigo
Não tinha medo do perigo,
assumiu o risco.

Mas agora você sabe, me arrependi
Não vamos fazer de novo
Nem eu, nem você.

Agora será tudo novo de novo,
basta a gente querer
e você fazer por merecer.

Um dia de Sol

Um dia, "Depois da tempestade vem a bonança"
Diz minha mãe ao enfrentar dificuldades
E por acreditar em dias melhores, vive
Sempre com garra, força e coragem
Protegendo seus filhos, protegendo a família
Uma força sem igual
Tal qual a ancoragem

Confesso que não sou tão forte
Muitas vezes perco-me sem seus ditos
E assim é mais difícil ver o arco-íris
Que se forma entre os meus ritos

Mas hoje o Sol saiu
Por detrás das nuvens cinzas
O céu apareceu azul, anil
E o calor da grande Estrela me aqueceu
Fez sorrir o olhar, fez a brisa afagar meu rosto
Fez o dia inspirar

Saí de casa, não resisti
Suspirei, viajei nas curvas do cisne branco
A árvore da paz, flores brancas e uma rosada
Agradou-me a grama molhada

Quão bela a natureza!
É dela que vem tanta riqueza
Traz brotos verdinhos em galhos secos
Traz passarinhos, com ninhos e apetrechos

Oh, brisa fugaz,
Venha aqui, me encante, me encha de paz!
Polinize as flores, seus pares
Traga mais cores, renove meus ares!

Oh, Sol do amanhã que brilha,
Traz de volta a leveza da poetisa
A criança, que encanta, sorri e não muito sisa
Para brincar, cair, tropeçar e não sair da trilha

Vou brincar, vamos brincar!
Quero sorrir de tanto cansar
Quero aquecer-me no brilho do olhar
De quem está feliz e só almeja apreciar.

À espera

A espera do gestar
Trouxe reconexão
Entender meus limites
Entender que a pressa é sem razão
É preciso esperar
38 semanas ao menos para a vida brotar

Mas é preciso paciência também
Puerpério que vem depois pode prolongar
É adaptação, são dores, é sofrimento
Falta de sono, falta de mim
Meu tempo de despertar

Mas há uma força que surge
E ilumina a alma
A tristeza que assolava
Vai-se embora com o tempo
As mudanças, os processos, o desenvolvimento
A vida ressurgindo para novas etapas
Novos desafios, uma nova dimensão de mundo
Parece-me que era o que faltava.

Vivo sobriedade

Vivo porque nasci
Corro porque tenho pernas
Respiro no automático
Pisco porque tenho pálpebras e reflexo

Namoro porque me atrai
Fico junto porque faz bem
Faço amigos que são similares
Para trás muitas vezes não convém

Celebro o que faz feliz
Sepulto o que amarga e aperta
Ando junto porque quero bis

Siso, divago, trabalho, ocio e gentil
Política que deixa cega afasto
Verdade, difícil encontrar o rastro.

As dádivas do ócio,
de fato e de direito!

O meu tempo de ócio, de fato e de direito
Na verdade, não é meu de fato,
Apesar de ser direito.

O que eu faço quando chego em casa
Cansada do trabalho?
Posso descansar, que é o que quero,
Sem ter que me preocupar com horário?

Mas, na verdade, a lida chama:
Cozinha, casa, marido e filho pôr na cama.
Se quero ler, a hora é essa!

Mas a luz é amarela, a vista dói e a conta é desta:
Desta que cresce em hora de pico.
O jeito é dormir para não ter risco.

Amanhã a lida é cedo.
Ladainha da boa esperança:
Todo dia é um terço!

Sair desta vida eu peço.
Poder ler à luz do dia, estudar e
Pintar magia,
Então me despeço.

Mas a verdade é que a magia
Só está em meu sonho
A manhã do dia brilha,
Pássaro canta, é doce engano.

Levantar, aprontar, fazer comida, arrear.
Simbora, minha gente,
Que o tempo que eu tenho não é meu,
Tenho, de novo, que a lida começar.

O vício, a tecnologia

Querer chorar e não conseguir
A dor aperta, mas as lágrimas secaram
Não aparecem de fora
Mas estão aqui, bem dentro de mim

Um filme passado eu já vivi
Você em casa e computador
Meu peito se engasga
Isto não dá certo, senhor!

Eu não sei o que fazer
Se falo que lhe faz mal
Vou logo perder

Venha me dizer que está tudo bem
E eu vendo isto
Quer enganar a quem?

O último que se foi me culpava
O exílio escolhido por minha causa
o machucava
E a culpa era minha,
A alma não aguentava.

Eu não sei o que faço
Repito e rezo descalça
A casa está pequena para nós
Nos cômodos, ficar perto incomoda a vós

Se quer mesmo é ser livre
Que seja livre então
Mas não me cause um martírio

Gosto de carinho, gosto de atenção
Você, que não quer me dar
Não gaste seu tempo
Nem o meu perambular

Se está inconformado, me diga
Que desleixo é este que lhe habita?
Tento me levantar, mas não me ajuda
Está a querer me afundar?

E o que eu digo sem ser agressiva
Não aguento nem quero ser explosiva
Meu coração aperta, angustia
A lágrima cai no rosto, não vai ter festa
Muito menos magia

A verdade é que a Lua cai
A verdade é que o sono vem
Mas mesmo se quiser dormir, corpo cansado
A alma perambula, fica acordado

Daí não adianta mais nada
Coração corrói tanto, é uma alma sem-graça
Internet, insta-felicidade, beleza
Mas o caos que está aqui
Não o quero nem de perto, nem em mim

Você me tira pessoas
Faz dela zumbis
Que objetifica como se fossem lama

Quero não viver assim
Apesar de poema ter rima
O pior nem sempre é o fim

Quer dormir, corpo cansado
Cabeça dói
Alma só quer afago

Afago daquele que não vem
Porque está ocupado
So busy com imagem de outrem que lhe convém
Mas nem sabe de onde vem

Galo canta, já amanheceu
Desta prosa ninguém leva vantagem
Nem ele, nem eu

Viver não mais espero,
Brama plumagem
Me desperto

Que coisa! Sei que algo lhe aperta
Não fala! Meu coração está de portas abertas
Se cala! Não quer que eu entre para o amor
Dispara! É ataque para lá e para cá,
Cadê o calor?

Venha ser sóbrio e solidário
Feliz talvez, se fazer de vigário
Eu estou aqui, não sei mais o que falta

Acho eu, meu bem, vim com defeito
Mas na loja, já é tarde
Não aceita troca e não faz concerto

Continuo assim, não tem problema
Estou com medo do olhar
Ouvi-lo já está um dilema a me pesar

Não aguento! Não aguento!
Não quero ficar!
Que diabos faze aqui, mulher?
Só quer me atormentar!

Sou melhor com meus amigos
Aqueles que deixei para estar contigo
Mas percebo que não vale a pena
A alma, desta vez, não é tão pequena

Precisa de mais
Você é pequena, menina
Um outro dia
Até nunca mais!

O peito corta, coração quebra
Paixão me enamora
Tudo em vão, peito apavora

Vá então, me deixe, moreno!
A vista é esta, estou serena
Tudo bem, então, não sou pequena
Quero o brilho no céu enamorar

A luz da Lua me guia
Não adianta mentir a si mesmo
Da noite faz dia
Observe o raiar, ilumine o olhar

Tudo bem, meu amor
Já me convenceu
O teu bem era dela
O bem dela era teu
Mas então me explique,
O que aconteceu?

Aconteceu que o meu ego
Foi tão grande quanto o amor
Quando decidi bater asas,
O Narciso me pegou
Espelho, espelho meu,
Perdi meu tempo, minhas horas
E agora? Quem sou eu?

Em um passarinho me transformei
Em passarinho com rosa eu me inspirei
Mas a primavera já se vai embora, pétala cai
Eu fico a olhar, hei de distanciar

Tchau, tchau, meu doce
Hoje nuvem parece algodão doce
Volta logo em uma hora
Bateria vai acabar,
Daí então o passarinho volta a cantar e encantar

Não, não vá embora
Só de pensar, peito apavora

Venha cantar, se acalmar
Venha, morena doce, vou cantar para te ninar
Venha, se aconchegue em meu peito
Venha, que vou agora fazer direito

O tempo urge, a vida basta
Não quero mais virtual,
O amor é aqui, venha com jeitinho
Afaga-me e se basta com carinho.

À luz de velas

A penumbra da noite
Traz mistérios a serem desvendados
Traz uma vida diferente,
Curiosidade que cresce a cada passo

Nas ruas de pedras antigas, a caminhar
Olho para o céu, sinto o cheiro da relva
E percebo o luar
Não há como não se encantar

O barulho do calçado no chão
Quebra o silêncio
O abraço que vem aconchegar
Também protege do frio
E me provoca grande apreço

Aqueles barulhos de águas atravessando a cidade
Pelas correntezas do rio
Provocam uma brisa fria e delicada
Que esfria sem molhar meu corpo
Refresca a alma acalorada

Vejo aquela lamparina acesa de longe
E o doce som da viola me encanta
O sertanejo apaixonado declama
A prosa em forma de música para sua amada

Calma e simplicidade o caminho me mostra
Beleza tão grande, tamanha, que não há o que me apavora
Aqui não há bicho-papão
Só música, gente boa, brisa leve e sublime paixão

Chegando em casa, após o passeio, o Sol se pôs
Estou tão feliz, preenchi o meu peito
Um beijo na testa o afago compôs

A doce canção que para mim explode emoção
É a doce melodia tocada bem baixinho aqui
Nas batidas do meu coração

Conversa boa, riso solto
A chama está acesa, ilumina nossos rostos

O brilho no olhar reflete não só a luz da vela,
Mas também a doçura do amar
A penumbra ilumina e protege,
Inspira-me a respirar

Venha cá, meu nego velho
Vamos para ali conversar
Apague a vela e venha comigo
Só o aconchego a lhe esperar

O cheiro da vela apagada envolve o ambiente
Como é bom viver em pares
Meu peito fica tão contente

Vamos nos deitar e prosear,
Abrace-me com doçura, meu belo amor
Vamos nos encantar
Fazer um ao outro ninar

Um toque entre os lábios me arrepia
Estou tão confortável, meu querido!
Chegue perto seu pezinho,
Continue fazendo carinho,
Que nesta noite eu vou sonhar!

Pernas inquietas

Quando algo pulsa tão fortemente
Que não consegue suprimir
Quando doem e ardem e consomem
Quando são esmurradas, mesmo assim
Não se cansam e não param de sentir

Quando os murros ajudam
Quando é tão inquietante que a mesa balança
Quando perturba o silêncio
Quando se é inconveniente e incomoda

Quando o barulho é alto e o silêncio quebrado
Quando tanto faz
Quando não se importa se o barulho perturba
Quando estou entregada

Sacode, sacode, sacode o mundo
É terremoto
Sacode, sacode, sacode e vê
A dor é dentro de mim
Só me vê consumir, consumida de mim.

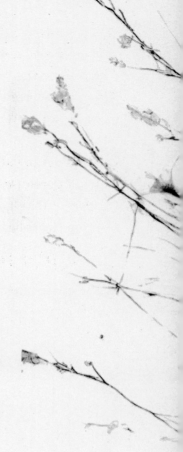

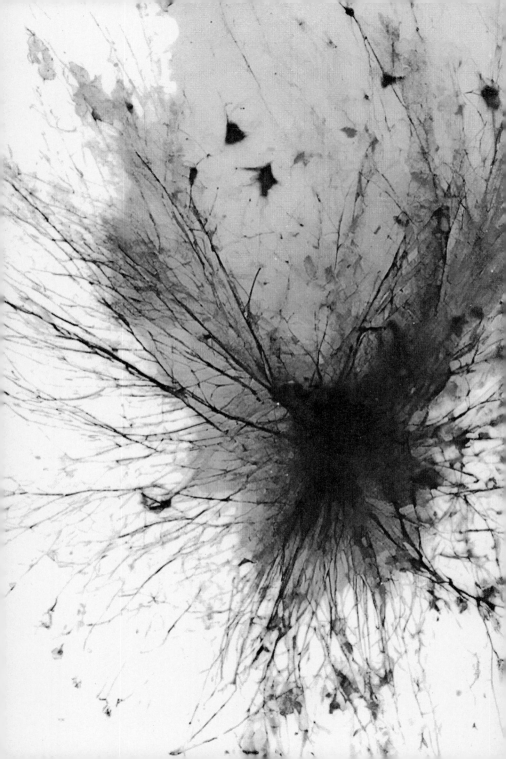

Engano

Doce engano pratica quem mente para si
Doce engano tem quem pensa a felicidade virtual
Doce engano estar você aqui, mas não estar
Olhando somente através da tela de um celular

Coisas efêmeras, notícias catastróficas
Veja você, precisando de updates
Upgrades para ser feliz
Mas por aqui não chega a um triz

Chamariz, é assim que você fica e se comporta
Chamariz, você ri e se diverte com a tela
Mas se a atenção é para aqui
Suspira fundo e olha torta

Faz planos, sem orientação
Segue planos, falta determinação
Larga planos, está sem tempo para nenhum
Recomeçar, agora vai dar.

Pragas

Uma vez ouvi dizer que o ser humano
Sabe daquilo onde pisam seus pés
E tocou-me profundamente
A reflexão do significado

Cada experiência, sozinha,
Uma visão limitada
E por isso pode gerar estragos

Por isto também a diversidade é importante
Pontos de vista diferentes
Mas nada repelentes

Porque uma ação repercute em outra
Como o bater das asas da borboleta
Que podem causar um furacão
Do outro lado do planeta

A diversidade enriquece a vida:
Humana, fauna e flora
Cada um com sua liberdade
Rica em possibilidades

Atingir sua plenitude
Não interfere, não agride
Apenas ocupa seu lugar
E fala!

Mas há de se ter oportunidade para vingar
Equidade no acesso aos recursos
É uma boa solução
Para o equilíbrio alcançar

Favorecer uma cultura sobre outra
Uma privilegiada
A outra doente, ou doença
A praga

Quando os recursos são escassos
A doença multiplica
Não adianta querer arrancar do lugar
Retirar das vistas

A praga e a doença não deixarão a existência
Estarão lá e sempre irão voltar

Mas se tratar as bases, os fundamentos
Se dividir com bom julgamento,
Um pode ajudar o outro
E ambos frutificar

A raiz enraizada, profunda
A terra com poros, respiráveis
Sem lajes, sem sufoco, oxigênio limpo pelos ares

A brisa branda, sem vento forte
Hidratação e umidade penetram, não escorrem
Com chão poroso que tudo acolhe

Entrega também a vida, que não insalubre
O calor desperta e amadurece sem escaldar
Deixando a mata aproveitar

Na ecologia, então, considerar:
Ser humano também deve participar
E o equilíbrio sustentabilizar

Somos organismos diferentes
Somos biomas, somos matéria
Gaia integrada

No equilíbrio, há plenitude
Com menos ganância, há maior virtude

Todos juntos a cooperar
Nesta Terra em que de tudo,
Se bem integrado,
Pode vivificar, sem danificar.

Grito por liberdade

Sempre que o sentimento soprar
Haverá esperança
Enquanto a brisa fizer mexer as folhas verdes das árvores,
Tocando no rosto, acariciando e fazendo suspirar
Haverá esperança

Quando o luar reinar no céu limpo junto às estrelas
E sentir a dama da noite perfumar
Haverá o esperançar

Ao contrário, se o brilho, o perfume, a brisa e o luar faltarem
A esperança pode murchar
O que era forte e real
Desmoronar e sufocar

Se assim o for
Há de se tentar sair, se libertar
Seja para o bem, para o ficar
Seja para o deixar voar.

Olho para a terra, encontro a mim (cordel antroposófico)

Do além cosmos para a vida
Edificando os preparados
Compostagem, biodinâmica
Dança em roda tal qual ciranda
Mão na terra o corpo encanta
Mente sã é de bom grado

De galhos secos e empilhados
Ao formigueiro astralizado
Viagem boa é biodinâmica
Com companheiros que em dança
Manifestam boa vontade
Coração aberto e preparados
Viva a nossa compostagem

De esterco fresco e bem cheiroso
Chá de cavalinha e pó de rocha
Terra e preparado Fladen
Que nossos pés o fizeram cantando
Trazer de volta à vida encanto
Faz do barro o biodinâmico
Uma pasta aprimorada
La Roche-Posay está atrasada

É acolhimento e reencontro
Consigo mesma, com a imagem
Imagem, forma e nutrição
Trazem a reconexão
Vamos teatralizar
O nosso sistema solar

Sol e Lua fazem eclipse
Bem pertinho vou ficar
Dinamizando o preparado
Observar, sentir, cheirar

Cabeça fria e pés quentinhos
De pés para cima, agrofloresta
Contra a gravidade vai sem pressa
Faz disso tudo uma grande festa
Sintonia, forma, cor
É só aconchego, meu amor!

Primaveril da resistência

Apesar de você, a gente ainda sorri
Na esperança de dias melhores
Comemorando a chuva que cai
E apaga os fogos criminosos
Pensando na primavera que chega
Para esperançar os corações
Dançando em roda, cantando,
Cultivando o amor em canções
Sem esquecer aquela dor que tantos sofrem
Na esperança de que em breve
Os dias e noites melhorem

Cultivar o amor
Dançar em roda
Pintar com cor

"Ninguém solta a mão de ninguém".